FACULTÉ DE DROIT DE TOULOUSE

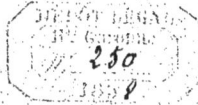

THÈSE

POUR

LA LICENCE

TOULOUSE

Imprimerie Bayret, Pradel & Cᵉ, place de la Trinité, 12.

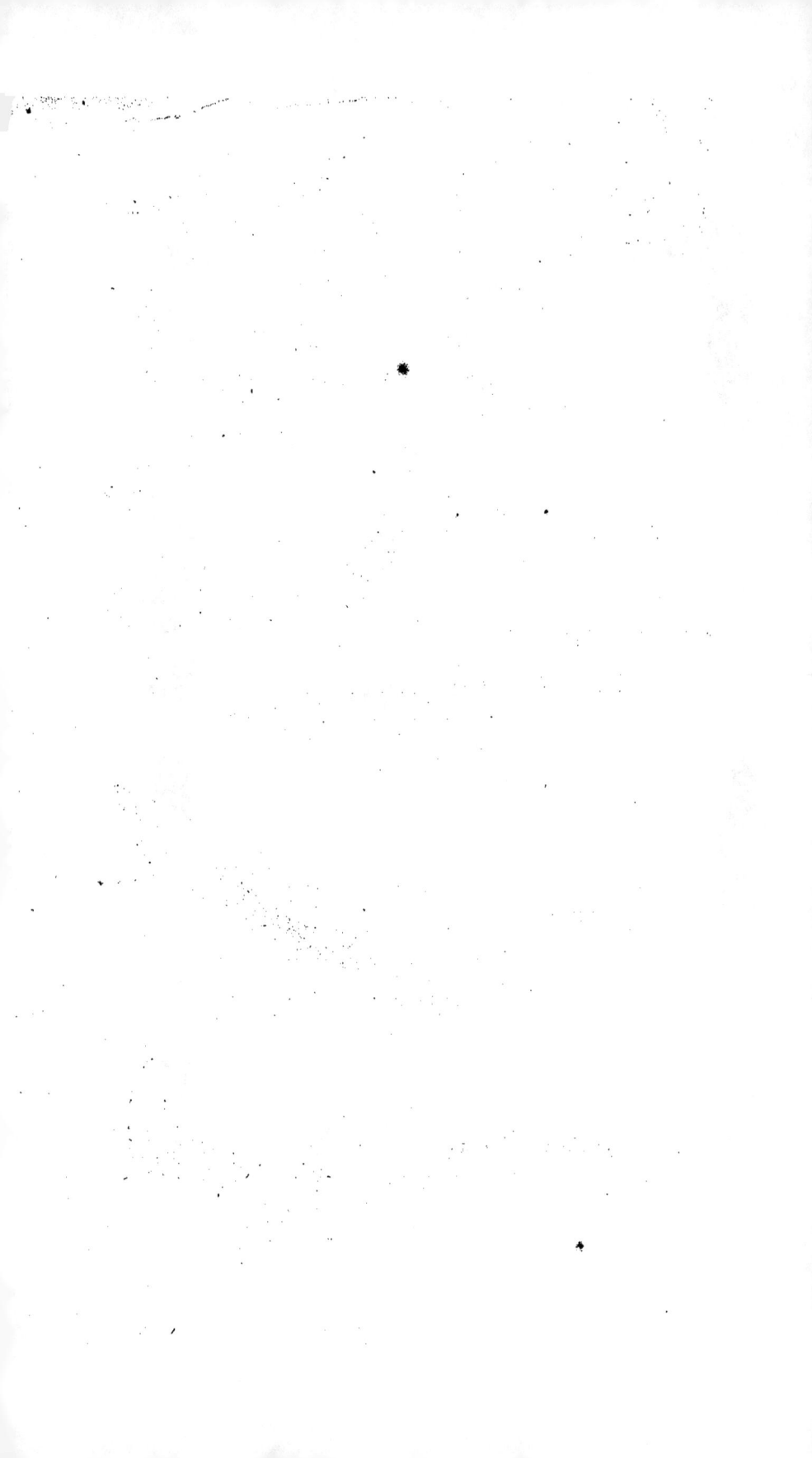

FACULTÉ DE DROIT DE TOULOUSE.

THÈSE

POUR

LA LICENCE

SOUTENUE

EN EXÉCUTION DE L'ARTICLE 4, TITRE 2, DE LA LOI DU 22 VENTÔSE AN XII,

Par M. ABEILLE (Jean-Paul-Claude),

Né à VILLENEUVE-DE-RIVIÈRE (Haute-Garonne).

TOULOUSE

IMPRIMERIE BAYRET, PRADEL ET Cie,

PLACE DE LA TRINITÉ, 12.

1858

A LA MÉMOIRE DE MON PÈRE !

A MA MÈRE.

A tous les miens.

JUS ROMANUM.

De Interdictis.

Quorum bonorum. — Uti possidetis. — De vi et de vi armata.

(DIG., Liv. XLI, Tit. 1, 2, 17, 16. — INST. JUST., Liv. IV, Tit. 15.)

Sic nominantur interdicta quia inter duos dicuntur. Certis igitur causis prætor aut proconsul principaliter auctoritatem suam finiendis controversiis præponit : Quod tum maxime facit cum de sociis aut religiosis inter aliquos contenditur, cùm in flumine publico ripa ve ejus ædificatur, vel quid damni reipublicæ infertur, cum denique de possessione aut quasi possessione agitur.

Sunt enim interdicta formæ atque conceptiones verborum quibus prætor aut jubebat aliquid fieri aut fieri prohibebat : Et modo quidem decreta modo interdicta jussus prætoris vocabat Gaïus. (Inst., Comm. iv, 140.) Sed tamen obtinuit usus, eos in eodem nomine contineri.

Quum in re agitata prohibuit prætor fieri aut præcepit, non statim peractum est negotium : Est enim interdictum legis formula ex qua nascitur jus persequendi in judicio quod sibi aut reipublicæ debetur. Sed ad judices recuperatores ve quæritur an aliquid adversus prætoris edictum factum sit, vel an factum non sit quod is fieri jusserit; quia in hac causa interdictum lex videtur.

De ordine et vetere exitu interdictorum supervacuum est hodie dicere. Nam quoties extra ordinem jus dicitur, qualia sunt hodie omnia judicia, non est necesse interdictum dici; sed perindè judicatur sine interdictis, ac si utilis actio ex causa interdicti reddita fuisset.

Sic loquebatur unus ex post Justinianum jurisprudentibus, animadverta-

mus tamen vetus vadimonium modo sine satisdatione, modo cum spon-
sione, quibusdam causis cum jurejurando usu servatum fuisse quum de
interdictis actio persequitur.

Sunt interdicta aut restitutoria, aut exhibitoria, aut prohibitoria : Sequens
in eo est divisio quod vel adipiscendæ possessionis causa comparata sunt,
vel retinendæ possessionis causa vel recuperandæ. (Gaïus, Inst., Comm.,
l. iv, 143.) Quæ interdicta ad privata attinent.

§ 1er. — Adipiscendæ possessionis causa.

Adipiscendæ possessionis causa interdictum accommodatur bonorum possessori, cujus principium est *quorum bonorum.* — (G., Inst., Com.)

Quod datur ei cui prætor bonorum possessionem dedit, seu hæredi prælo-
rio contra eum qui hereditatem pro hærede vel pro possessori possidet ad
consequendam hæreditatis possessionem ;

Pro hærede tam is qui heres est, quam is qui putat se hæredem esse, possidere videtur ;

Pro possessori is possidet qui sine causa sciens ad se non pertinere, possidet.

His dictis, originem utilitatemque interdictorum vidimus : Quum corri-
gendi juris civilis gratia : enim prætores actionem quorum bonorum præbent
liberis paterna auctoritate egressis, ut adeant hæreditatis bona : tum adju-
vandi vel supplendi causa quum injustum possessorem jubent expellere.

Advenit equidem ut qui, jure civili hæres vocatur, hoc quorum bonorum
interdictum prætori rogat, ut possessionem bonorum obtineat.

Sed magni interest quum silente jure prætores utilem actionem dant here-
dibus : sola enim aditione heredis acquiruntur bona in certis casibus, quid
pejus si quibus hanc aditionis facultatem prætores, non dedissent : hic
enim est usus interdicti, quod appellatur *quorum bonorum.*

Hoc competit interdictum his qui ante non sunt nancti possessionem. —
Itaque si quis adepta possessione, quam amiserit, desinit ei id interdictum utile esse.

Interdicto quorum bonorum debitores hereditarii non tenentur sed tantum corporum possessores.

Hoc quorum bonorum interdictum non ad singulas res sed ad universitatem hæreditatis pertinet : Nunc despiciamus quæ ad singulas res incedunt.

§ 2. — *Retinendæ possessionis causa.*

Retinendæ possessionis causa solet interdictum reddi cum ab utraque parte de proprietate alicujus rei controversia est, et ante quæritur uter ex litigatoribus possidere et uter petere debeat.

Sed interdicto quidem *uti possidetis* de fundi vel ædium possessione contenditur *utrubi vero* interdicto de rerum mobilium possessione.

In lege Justiniana duobus his interdictis, ille vincit qui litis tempore possidet.

Quibus *signis* est cognoscenda vera possessio de qua contenditur?

Separata enim sæpe possessio à dominio. Sæpe accidit ut alter possideat alter a possidente petat : Utilius esse ad defendendam causam, dominium detinere videtur quod, etiamsi ejus res non sit qui possidet, si modo actor non potuerit suam esse probare, remanet illi possessio :

Quum nec vi, nec clam, nec precario alter ab altero possidet, hoc ad eum attinet ita jus dicit prætor.

Ad litem procedentibus non solum hanc regulam juris proponit : sed etiam ad tuendam possessionem ut ex ponderata sententia consequatur (*quominus ita possideatis vim fieri veto*) inter litigatores intervenit prætor.

Possidere autem videmur non solum si ipsi possideamus, sed etiam si nostro nomine aliquis in possessione sit, licet is nostro juri subjectus non sit. Horum Gaii verborum ut perlucida materia fieret adjunctio mihi utilis apparuit.

Ad supremum interdictorum ordinem tempus est advenire.

§ 3. — *Recuperandæ causa.*

Si quis possessione fundi vel ædium vi dejectus fuerit, ei proponitur interdictum *unde vi.*

Hoc interdictum pertinet ad omnes qui de re solo coherenti dejiciuntur : de navi vi dejectus hoc interdicto uti non potest.

Parvi interest ut per alium aut suis manibus dejiciatur possessor : hoc est, idem, quod jussu vel voluntate tua aliquem miseris.

Vi possidet qui expulso vetere possessore adquisitam per vi possessionem obtinet : Si quis prohibitus sit ingredi suum prædium, vel si quis cum in medio itinere detinuit, ita violenter ipse possiderit, dejectus possessor vi videtur. Vim solum corporalem sequitur interdictum.

Ex die quo quis dejectus sit fructus petere potest, quia usu vi clam, precario non acquiri possunt res.

E possessione exturbatum in anno interdictum prætori oportet petere quia infra annum tantum utile est.

Quid juris quum vi armata possessor expellitur?

Hoc etiam casu prætores dare interdictum ad restituendum, certum est. Possessor licet ab adversario clam, precario possideat tamen restituitur hæc inter dua, *unde vi* et *vi armata* differentia.

Arma sunt omnia tela, hoc est et fustes et lapides, non solum gladii, hastæ, frameæ.

Si unus vel alter ad turbandum possessorem obvenientium, fustem vel gladium tenuit armis dejectus possessor videtur.

Hæc dua interdicta ad res mobiles pertinere non videntur.

QUESTIONS.

Deux usufruitiers peuvent-ils invoquer l'interdit *uti possidetis?*

Le mot *precarium* a-t-il le même sens dans notre loi que chez les Romains?

Un homme, non fondé de mes pouvoirs, chasse un possesseur de sa propriété : si je ratifie ses actes, *si ratum habeo,* comme dit le texte, suis-je soumis à l'interdit *unde vi?*

CODE NAPOLÉON.

De l'Usufruit.

(Liv. II, Tit. 3. — Art. 578 à 624.)

CONSIDÉRATIONS GÉNÉRALES.

Le Code définit la propriété : le droit de jouir et disposer des choses de la manière la plus absolue, pourvu qu'on n'en fasse pas un usage prohibé par les lois ou par les règlements (544).

Le propriétaire pouvant disposer de sa chose d'une manière absolue, peut en détacher les droits que bon lui semble, étendre ou limiter ces droits comme il veut ; en un mot, démembrer sa propriété de toutes les manières qu'il le juge à propos, pourvu qu'il n'y ait rien de contraire aux lois ou à l'ordre public.

Ces principes nous font comprendre l'usufruit et nous donnent son origine : c'est un droit de jouir très étendu, séparé de la propriété elle-même, droit réel, susceptible d'hypothèque, d'aliénation, de prescription.

CHAPITRE Iᵉʳ.

De l'Usufruit.

TITRE I.

De sa nature.

L'usufruit est le droit de jouir des choses dont un autre a la propriété comme le propriétaire lui-même, mais à charge d'en conserver la substance. (578.)

Le droit de propriété se résume en ces trois termes : *utere, fruere, abutere.*

L'usufruitier ne possède que deux des pouvoirs : *utere* et *fruere ;* il peut *jouir,* mot par lequel notre Code remplace ces deux termes du Droit romain.

Le droit d'abuser, de faire excès de puissance, de changer la nature de sa chose, n'appartient qu'au propriétaire lui-même ; et si notre loi lui dit de jouir comme le propriétaire, c'est qu'elle entend lui proposer pour exemple de son administration un homme sage, soigneux, conservateur de son bien.

Tous les commentateurs du Droit romain et de notre Code ont épuisé leur raison pour rechercher la signification de ces mots : *salva rerum substantia.* Mais pourquoi nous arrêterions-nous à débrouiller tous ces systèmes ? Laisser les discussions de mots pour suivre l'esprit de la loi, me semble préférable.

Qu'est-ce que la substance ?

La substance d'une chose est l'ensemble des qualités utiles qui la distinguent de toute autre chose, lui impriment une dénomination qui lui est propre et qui ne peut convenir qu'à elle. (Mourlon.)

L'usufruitier jouit d'un bien : mais la loi ou la volonté des parties ne lui ont confié qu'avec la condition de ne pas l'altérer, de le rendre avec sa destination primitive ; car, en changer le but, c'est en altérer la substance : tel est un des caractères essentiels de l'usufruit.

Nous connaissons maintenant la nature de l'usufruit ; mais ne trouverions-nous pas un autre droit auquel sa définition pourrait s'appliquer ?

Le fermier, lui aussi, jouit et ne peut pas abuser ; si l'usufruit est généralement viager et gratuit, il peut être livré, comme le fermage, à titre onéreux et limité à un certain nombre d'années.

Néanmoins, le droit du fermier n'est pas un droit réel ; et, en cela, il diffère essentiellement de l'usufruit. Sans doute, la loi donne au fermier un droit de suite pour faire maintenir son bail sur la propriété ; mais il ne peut abdiquer ce droit qui passe même à ses héritiers : sa volonté est enchaînée par une obligation envers le maître du bien. — Loin d'être personnel, sous ce point de vue, l'usufruit est un démembrement de la propriété que son détenteur peut aliéner, abandonner ; l'usufruit est une soumission de la chose à la personne, un esclavage dont le bien est grevé en faveur du possesseur.

Le fermier est lié envers le propriétaire. — Celui-ci doit le faire jouir, le garantir en cas d'éviction, tenir les choses en bon état. Aucun de tous ces devoirs pour le nu-propriétaire dans l'usufruit. — Il a une simple obligation passive : il s'oblige à laisser jouir (*pati frui*.) Il peut, immobile, voir ruiner sa chose par sa faute d'inertie ; voir les murs tomber, les maisons se rendre inhabitables : l'usufruitier ne peut pas le forcer à lui bâtir un abri. Quel sujet de haine entre ces deux hommes ! Quels ennemis naturels la loi a placés l'un devant l'autre !

TITRE II.

De la manière de l'établir. — Sur quels biens ?

L'usufruit est établi par la loi ou par la volonté de l'homme (579).

L'art. 754 (Code Nap.) donne au survivant des père et mère, en concurrence avec les collatéraux de l'autre ligne dans la succession de leur enfant, l'usufruit du tiers des biens dont il n'a pas la propriété.

L'art. 384 donne au père, durant le mariage, et, après sa dissolution, au survivant des père et mère, la jouissance des biens de leurs enfants, jusqu'à l'âge de dix-huit ans accomplis, ou jusqu'à l'émancipation qui pourrait avoir lieu avant l'âge de dix-huit ans.

Voilà les manières directes dont la loi établit l'usufruit. On peut l'acquérir encore par une de ses conséquences.

L'usufruit est un droit réel susceptible d'aliénation, d'hypothèque, il est donc prescriptible ; et c'est rester dans les termes de la loi, qui le met toujours sur la même ligne que les immeubles, lors toutefois qu'il est placé sur un immeuble.

L'usufruit, c'est le cas le plus ordinaire, est établi par la volonté de l'homme ; il peut l'être par acte de dernière volonté ou par acte entre-vifs, à titre gratuit ou à titre onéreux, pour la vie de l'usufruitier ou pour un temps limité, pour commencer ou finir à certain jour, ou à l'avènement d'une certaine condition ; en un mot, sous toutes les modifications qu'il plaît à celui qui le constitue d'y apposer.

L'usufruit peut être établi sur toute espèce de biens, meubles et immeubles, corporels et incorporels, qui résistent à l'usage ou qui se consom-

2

ment, en faveur de toute personne habile à posséder des biens, même en
faveur des communes ou des établissements publics.

CHAPITRE II.

Des droits de l'usufruitier.

L'usufruitier a le droit de jouir de toute espèce de fruits, soit naturels,
soit industriels, soit civils, que peut produire l'objet dont il a l'usufruit (582).

TITRE PREMIER.

Des fruits.

Les fruits sont les produits périodiques d'une chose, c'est-à-dire tout ce
qui nait et renait d'elle : *fructus est quidquid ex re nasci et renasci solet.*

Il y a, dit la loi qui a étendu ce terme de fruits à tous les revenus d'une
chose de quelque nature qu'ils puissent être, des fruits naturels, industriels,
civils.

§ 1er. — *Des fruits naturels.*

Les fruits naturels, en général, sont ceux que la terre produit spontané-
ment, sans le secours de la culture : le bois, le foin, la plupart des fruits
des arbres. On regarde aussi comme fruits naturels le produit et le croit
des animaux.

Les fruits industriels d'un fonds, sont ceux que la terre ne produirait
pas sans le travail de l'homme : les blés, les légumes, les raisins.

Nous confondons dans la même division ces deux espèces de fruits, pour
suivre l'exemple de la loi (583), et parce qu'une même règle régit la manière de les percevoir.

L'usufruitier prend la chose dans l'état où elle se trouve au moment de
l'usufruit, et le propriétaire la reprend dans l'état où elle est quand l'usufruit cesse. Tel est le principe fondamental de l'usufruit (585).

Tout ce qui est pendant par branches ou par racines appartient au possesseur du sol. Il faut cependant respecter les droits du colon partiaire. Si
l'usufruit se confond dans la propriété ou s'en détache, il n'y a pas de
compensation à établir ni de récompense, de part et d'autre, pour les la-
bours et semences.

Lorsque l'usufruitier où le propriétaire en doivent le prix à des tiers, le
détenteur actuel du fonds doit payer, sauf son recours contre l'autre.

Les fruits naturels s'acquièrent par la perception : il y a perception dès
que les fruits sont coupés ou recueillis. La récolte serait-elle encore en
gerbes au milieu des champs, quand cesse l'usufruit, c'est un droit acquis
que peuvent revendiquer ses héritiers.

§ 2. — Des fruits civils.

Les fruits civils ne sont réputés tels que par les dispositions de la loi ;
tels sont les loyers des maisons, les intérêts des sommes exigibles, les arrérages de rentes. Le prix des baux à ferme, quoique la représentation des
fruits naturels, est aussi rangé dans la classe des droits civils. Ce change-
ment dans la nature des fruits, cette manière de jouir, sont une conséquence
des droits accordés accordés à l'usufruitier.

Les fruits civils s'acquièrent jour par jour, et appartiennent à l'usufruitier
en proportion de la durée de l'usufruit. La règle pour les fruits naturels aurait pu produire des résultats injustes. (V. *Questions.*)

Le prix entier des loyers ou fermages se divise par les trois cent soixante-
cinq jours de l'année. Une maison se loue 365 fr. : l'usufruitier acquiert
un franc par jour. Le fermier doit payer une quantité fixe de grains et de
denrées : on en réduit la valeur en argent, suivant les mercuriales ou à
dire d'experts, et on divise la somme comme les loyers.

Si le bail est consenti pour une portion aliquote de fruits, ces revenus
sont dits naturels et s'acquièrent par la perception.

TITRE II.

Des droits de l'usufruitier sur les choses qui se consomment primo usu; — qui se détériorent par l'usage.

1° C'est un usufruit particulier que les Romains nous ont transmis, s'écartant des règles ordinaires, puisque les objets sur lesquels il repose sont consommés. Nous pouvons dire plutôt que c'est une donation résolutoire à la mort de l'usufruitier.

L'usufruitier a le droit de se servir de ces biens qui se consomment par l'usage, il en rendra pareille quantité et qualité, ou leur estimation à la fin de l'usufruit (587).

Est-ce une alternative que la loi a voulu laisser à l'usufruitier? Toullier, Dalloz le jugent ainsi, avec raison, suivant la maxime que le choix appartient au débiteur, s'il n'a pas été expressément accordé au créancier. (1190, C. Nap.)

2° L'art. 589, concernant l'usufruit sur les choses qui se détériorent peu à peu par l'usage, ne s'écarte pas des règles ordinaires de l'usufruit : on rendra ces objets, linge, meubles, dans l'état où ils se trouvent à la fin de l'usufruit.

TITRE III.

Des droits de l'usufruitier sur une créance, sur une rente perpétuelle, viagère, sur un droit d'usufruit.

Les intérêts que l'on retire d'une créance, d'une rente perpétuelle, n'en altèrent point la substance ; l'usufruitier jouit des fruits civils que produit la créance, par le même principe qui lui fait acquérir les fruits d'un immeuble. Il acquiert aussi les arrérages de ces rentes, et ne sera pas soumis à la restitution. Le propriétaire, quand il rentre en possession, ne saisit-il pas aussi tous les fruits que l'usufruitier a négligé de percevoir ?

Le capital des rentes viagères s'éteint-il par l'usage qu'on en fait? La rente viagère est un être moral, distinct des produits qu'elle donne, son extinction résulte d'une autre cause, du terme qui lui a été fixé; elle est donc susceptible d'usufruit (art. 588).

On peut constituer un droit d'usufruit sur un autre droit d'usufruit, mais la durée du deuxième est subordonnée au terme du premier.

TITRE IV.

Des droits de l'usufruitier sur les bois.

Des droits que l'usufruitier a sur une créance, passons à sa jouissance sur les bois ; nous devons rechercher quels sont les biens, et dans quelle mesure l'usufruiter peut en profiter.

Les bois taillis seront entre les mains de l'usufruitier, qui sera tenu d'observer l'ordre et la quotité des coupes, l'aménagement et l'usage constant des propriétaires, c'est-à-dire l'usage du pays (590).

Les taillis sont naturellement soumis à l'usufruit; quant aux bois de haute futaie, il faut qu'ils soient mis en coupes réglées, pour que l'usufruitier ait un droit sur eux. Il doit observer l'usage des anciens propriétaires , soit que ces coupes se fassent périodiquement sur une certaine étendue de terrain, soit qu'elles se fassent d'une certaine quantité d'arbres pris indistinctement sur la surface du domaine (591).

L'usufruitier n'acquiert la propriété des arbres qu'en exploitant les coupes ; ceux qui restent sur pied à la fin de l'usufruit, il est censé en avoir fait l'abandon en faveur du propriétaire; l'art. 1403 (Code Napoléon) nous donne une exception à ce principe : L'époux commun en biens, qui pour donner plus de valeur à son fond a laissé croître les arbres, doit récompense à la communauté des coupes qu'il n'a point faites; il n'est pas juste que l'un des époux s'enrichisse aux dépens de l'autre.

L'usufruitier ne peut pas toucher aux arbres de haute futaie qui ne sont pas en coupes réglées; il ne peut s'emparer des arbres brisés par accident , tombés de vieillesse; il ne peut se chauffer des arbres couronnés. On serait tenté de dire que la loi est trop rigide en ces circonstances.

Il peut, cependant, pour faire les réparations dont il est tenu , employer les arbres renversés à terre, en faire couper, sauf avis du propriétaire. Il peut prendre, dans les bois, des échalas pour les vignes, mais *de la propriété seulement;* il a le droit de prendre sur les arbres les produits annuels et périodiques, les glands, l'écorce des chênes liège, l'ébranchage périodique des arbres, en se conformant aux usages du pays.

L'usufruitier a une pépinière dans son lot : il a la faculté d'enlever les arbres ; mais il ne doit jamais oublier que la substance de la chose ne lui appartenant pas, il faut remplacer les arbres enlevés (590).

Les arbres fruitiers produisent des fruits à l'usufruitier. Viennent-ils à mourir, ils lui appartiennent, à la charge de les remplacer. S'il y a une différence pour ce principe entre les arbres fruitiers et les arbres ordinaires, n'en cherchons l'explication que dans leur valeur intrinsèque.

TITRE V.

De l'usufruit sur les carrières, sur les mines, sur un trésor découvert.

L'usufruitier a une foule de droits ; mais il ne peut altérer la substance des choses, ni changer leur destination.

Les carrières qui sont ouvertes lui donnent leurs produits ; les mines exploitées leurs revenus ; toutefois, après l'autorisation du gouvernement. En ces matières là, l'administration s'est réservée la haute main. Voilà toute l'explication que nous devons en donner.

Les carrières et les mines non encore exploitées n'entrent point dans la jouissance de l'usufruitier. Est-ce à dire qu'elles ne puissent s'ouvrir lors de l'usufruit? Ce serait aller contre les droits du propriétaire et contre les principes administratifs : l'État peut ordonner l'exploitation d'une mine.

La découverte d'un trésor ne donne aucun droit à l'usufruitier ; ce n'est pas un fruit. On applique les règles ordinaires de cette matière, si l'usufruitier est l'inventeur.

TITRE VI.

Des différentes manières dont l'usufruitier peut jouir.

L'usufruitier a le droit de jouir de tous ces biens que nous venons d'énumérer. Les servitudes dont sont grevés les autres fonds en faveur de l'immeuble qu'il possède, les alluvions qui viennent l'accroître, toutes ces prérogatives lui appartiennent; n'est-ce pas là une propriété presque parfaite?

La loi serait inconséquente avec ses principes, si elle ne laissait la volonté de l'usufruitier libre dans ses actes de jouissance.

L'usufruitier peut jouir par lui-même, donner à ferme à un autre, ou même vendre ou céder son droit à titre gratuit (595).

1° Pour les baux à ferme souscrits par l'usufruitier, il faut se conformer aux règles de la communauté entre époux. La loi divise le terme du bail en périodes de neuf ans. Le propriétaire doit respecter les actes de l'usufruitier pour le temps qui reste à courir de la première période de neuf ans, si les parties s'y trouvent encore, soit de la seconde, ainsi de suite (1429).

L'usufruitier peut renouveler le bail trois ans avant la fin du premier pour les biens ruraux, deux ans pour les biens urbains; si ces délais ne sont pas observés, il y a lieu à l'application de l'art. 1429.

Quelle garantie aurait offert l'usufruitier si, comme autrefois, tous les baux à ferme n'étaient plus valides après sa mort? Le droit dont il jouit lui-même doit être une garantie de ses obligations.

2° L'usufruitier cède son droit d'usufruit : propriétaire d'un droit réel, il peut l'aliéner; mais le droit cédé ne change pas de nature. C'est toujours un droit temporaire et limité, quant à sa durée, par l'existence de l'usufruitier qui l'a cédé.

CHAPITRE III.

Des obligations de l'usufruitier.

Mais les droits du détenteur d'une chose, — c'est ainsi que nous pouvons considérer l'usufruit, — entraînent des devoirs nombreux. Obligé de restituer, il doit offrir des garanties et reconnaître ce qu'il reçoit. Pendant sa jouissance, il est soumis à des charges, suites naturelles de sa possession. Étudions tour-à-tour ces obligations.

TITRE I.

Obligations de l'usufruitier à son entrée en jouissance.

§ 1er. — *De l'inventaire.*

L'usufruitier ne peut entrer en jouissance qu'après avoir fait dresser, en présence du propriétaire, ou lui dûment appelé, un inventaire des meubles et un état des immeubles sujets à l'usufruit (600).

Les frais de cet inventaire sont à la charge de l'usufruitier, auquel la loi impose l'obligation de le faire dresser.

Si les deux parties sont majeures, l'acte peut se faire en partie double, sous seing-privé.

Si le propriétaire refuse de se rendre, on le convoque par un acte extra-judiciaire, et on procède devant un notaire, assisté d'un expert. L'usufruitier doit lui notifier l'inventaire, qu'il est censé accepter s'il garde le silence.

Si l'usufruit est légué par testament, il semble que le testateur peut dispenser son héritier de faire inventaire.

L'usufruitier n'a pas tenu compte de cette règle de la loi; il est censé alors avoir reçu les meubles non dégradés, les immeubles en bon état. Cette présomption cesse par la preuve contraire, par témoins et même par commune renommée.

§ 2. — *De la caution.*

L'usufruitier doit, en outre, donner caution de jouir en bon père de famille, s'il n'en est dispensé par l'acte constitutif d'usufruit. Cependant les père et mère ayant l'usufruit légal du bien de leurs enfants, le vendeur ou le donateur sous réserve d'usufruit ne sont pas tenus de donner caution (601).

Les père et mère tomberont dans la règle commune, lorsqu'ils auront l'usufruit du tiers des biens auxquels ils ne succèderont pas (754) : exception pour eux, parce qu'ils ne sont plus en rapport avec leurs enfants, mais avec des collatéraux.

Un cautionnement en immeubles réels peut tenir lieu d'un fidéjusseur : *Plus est cautionis in re quam in persona.*

L'usufruitier ne trouve pas de caution : les immeubles soumis à l'usufruit sont donnés à ferme ou mis en séquestre ; les sommes comprises dans l'usufruit sont placées ; les denrées sont vendues, et le prix en provenant est pareillement placé. — Les intérêts de ces sommes et le prix des fermes appartiennent, en ce cas, à l'usufruitier (602).

A défaut d'une caution de la part de l'usufruitier, le propriétaire peut exiger que les meubles qui dépérissent par l'usage soient vendus, pour le prix en être placé comme celui des denrées, et alors l'usufruitier jouit de l'intérêt pendant son usufruit. Cependant, l'usufruitier peut demander et les juges ordonner, suivant les circonstances, qu'une partie des meubles nécessaire pour son usage lui soit délaissée, sous sa simple caution juratoire, et à la charge de les représenter à l'extinction de l'usufruit (603).

Il y a des meubles qui ne peuvent se vendre ; ce sont : des souvenirs d'affection, des portraits, des armes de famille. La loi comprend ces délicatesses de cœur et permet au propriétaire de les garder, si l'usufruitier ne donne pas caution.

Le retard de donner caution ne prive pas l'usufruitier des fruits auxquels il peut avoir droit ; ils lui sont dus du moment où l'usufruit a été ouvert (604). La loi, pour être juste, ne devait-elle pas faire exception à ses principes de l'art. 1014 ?

TITRE II.

Des obligations de l'usufruitier pendant sa jouissance.

L'usufruitier entré en possession doit se conduire comme un bon père de famille : veiller à la conservation de la chose, s'abstenir par ses actes de tout dommage, empêcher les étrangers d'usurper le fonds ; tels sont ses devoirs.

Si un tiers attente aux droits du propriétaire, l'usufruitier, qui aura à se reprocher de ne pas l'avoir prévenu, sera responsable de tout le dommage, comme il le serait des dégradations commises par lui-même (614) : — Servitudes passives acquises par prescription, — servitudes actives éteintes par le non usage de l'usufruitier.

Comme l'usufruitier recueille tous les fruits que produit la chose soumise

3

à l'usufruit, tous les agréments qu'elle procure, il est juste qu'il la répare et l'entretienne.

§ 1er. — *Des réparations d'entretien.* — *Des grosses réparations.*

L'usufruitier n'est tenu que des réparations d'entretien; les grosses sont à la charge du propriétaire (605).

Les grosses réparations sont celles des gros murs et des voûtes, le rétablissement des poutres et des couvertures entières, celui des digues et des murs de soutènement et de clôture aussi en entier (606); voilà, d'une manière limitative, les charges que notre Code met sur le compte du propriétaire.

Remarquons que si une partie seulement des couvertures, des digues, des murs de soutènement, de clôture, a besoin d'être réparée, la réparation est à la charge de l'usufruitier. C'est un principe qui résulte clairement de la loi.

Toutes les réparations non indiquées par la loi sont d'entretien. Cependant, la loi ne parle que des maisons; et pour se conduire dans d'autres cas, il faudra, par analogie, rechercher quelles sont les grosses réparations essentielles à l'existence de la chose.

Les réparations d'entretien sont dites charges de fruits; il est donc tout naturel que l'usufruitier en soit chargé, soit même forcé de les faire, sous peine d'engager sa responsabilité. — *L'usufruitier est tenu,* c'est-à-dire qu'il peut être poursuivi par le propriétaire, s'il ne les fait pas. Nous savons, en effet, qu'il doit rendre la chose entière : *salvam rerum substantiam.*

Il est obligé pendant sa jouissance seule. Ainsi, le propriétaire lui livre une maison tombant en ruines : je ne voudrais pas que l'usufruitier fût forcé de la réparer pour empêcher sa chute; je ne le rendrais responsable que de son fait et de sa volonté.

L'usufruitier, véritable propriétaire en ce sens, peut abandonner son droit pour éviter les frais d'entretien; mais peut-il se dispenser ainsi des réparations devenues nécessaires pendant sa jouissance? Je ne le crois pas.

Si l'on s'arrêtait à la lettre de l'art. 607, on trouverait que les obligations de l'usufruitier ne sont pas nombreuses. Les objets tombés de vétusté ou détruits par cas fortuit n'entreront pas à sa charge. Or, presque toutes les réparations n'ont-elles pas leur origine dans ces deux causes? Nous arriverions à une contradiction de l'art. 605, et nous nous écarterions de tous les principes reconnus dans l'usufruit. Disons donc que cet article s'est glissé par mégarde dans la loi.

Demandons-nous, avant de passer à un autre ordre d'idées, si les grosses réparations faites par l'usufruitier lui donnent droit à une indemnité de la part du propriétaire.

Faut-il appliquer l'art. 599 et considérer ces travaux comme des améliorations dont l'usufruitier ne peut réclamer le prix? — Les améliorations pourraient être une spéculation du possesseur, et, dans certains cas, entraineraient le propriétaire à des dépenses dont la folie ne peut que retomber sur l'usufruitier. — Ici, c'est une dépense pour conserver la chose qui allait périr; la même règle peut-elle régir deux cas si différents? Je dirais donc que l'usufruitier a droit à la répétition de son capital à la fin de l'usufruit. Ce principe, toutefois, doit varier d'après l'appréciation des faits en certaines circonstances.

§ 2. — *Charges annuelles de l'usufruit.* — *Charges extraordinaires.*

L'usufruitier est tenu des charges d'entretien. Ces dépenses périodiques, qui viennent grever la propriété, doivent donc le regarder. Il est tenu des contributions, des frais de garde, du curage des fossés, du rétablissement des haies, etc., etc.

Les charges extraordinaires, telles qu'un emprunt forcé, un impôt extraordinaire de guerre, affectent et la jouissance et la propriété. Le propriétaire est tenu pour le capital dont l'usufruitier doit lui servir les intérêts, s'il le paie. Si l'usufruitier paie le capital, le propriétaire doit rendre ce capital seul à la fin de l'usufruit.

Au refus de tous les deux d'avancer la somme, on saisit et on fait vendre, jusqu'à due concurrence de la dette, une portion des biens sujets à l'usufruit.

Tel est le système que la loi a adopté pour la contribution aux dettes.

§ 3. — *Des dettes et autres charges de la succession.*

Un homme, sage administrateur de sa fortune, affecte une partie de ses revenus à l'extinction de ses dettes, aussi la loi a-t-elle établi une sorte de corrélation entre le capital actif et le capital passif; — le revenu actif et le revenu passif.

Le nu-propriétaire est grevé du capital de la dette, il est de toute justice que l'usufruitier en supporte les revenus. Quel fardeau pour le propriétaire s'il avait été obligé de s'appauvrir, tandis que, devant ses yeux, on possédait son bien !

La loi partage les usufruitiers en trois classes, par assimilation aux véritables légataires; — je ne définirai pas ces mots : d'usufruitier universel, à titre universel, à titre particulier, je ne donne que les règles concernant ces trois cas.

L'usufruitier à titre particulier n'est pas tenu de contribuer aux dettes et aux charges de la succession. Forcé de payer, en cas d'hypothèque de l'immeuble dont il jouit, il a son recours contre le propriétaire (611).

L'usufruitier universel et le propriétaire concourent aux charges d'après la règle que j'ai énoncée au paragraphe précédent. En outre, le legs fait par un testateur, d'une rente viagère ou pension alimentaire, doit être acquitté par le légataire universel de l'usufruit dans son intégrité, sans aucune répétition de sa part (610).

L'usufruitier à titre universel ne doit acquitter que le quart, le tiers, la moitié des dettes, ou de la rente viagère, suivant la valeur du fonds où est placé son usufruit.

Quel est le moyen ordonné par la loi pour calculer cette valeur ? La Coutume de Bretagne évaluait, autrefois, l'usufruit à la moitié de la valeur du fonds. — Aujourd'hui, ce n'est que par la comparaison des valeurs respectives de tous les objets, de tous les fonds de la succession, que l'on fixe la part pour laquelle l'usufruitier doit contribuer aux dettes.

Telles sont les règles de la contribution aux dettes; mais le mot *charges*, de l'art. 609, n'est-il pas plus général ? n'a-t-il pas d'autre signification que le mot *dettes* ? Il faut encore attribuer à l'usufruitier le paiement des frais funéraires, de scellés, d'inventaire, le paiement des frais de procès qu'entraîne la jouissance.

L'usufruitier doit-il payer les frais de mutation de propriété ou une partie? La jurisprudence enseigne que le propriétaire seul doit supporter ce lourd fardeau; — l'équité demanderait peut-être une autre solution.

Nous venons de parcourir, tour à tour, les droits et les obligations de l'usufruitier, nous avons cherché à comprendre la loi. Nous savons que l'usufruitier ou ses héritiers doivent rendre les objets tels qu'ils les ont reçus : Si la chose a péri par cas fortuit, il n'en est pas responsable. L'usufruit est-il établi sur un troupeau, en cas de perte accidentelle il ne devra compte que des cuirs ou de leur valeur; si le troupeau ne périt pas entièrement, l'usufruitier est tenu de remplacer, jusqu'à concurrence du croît *futur*, les têtes des animaux qui ont péri (616).

Telles sont les règles générales de l'usufruit.

CHAPITRE IV.

Des obligations du propriétaire.

Notre sujet ne serait pas complet si nous ne nous demandions pas quelle est la position, quels sont les droits, les obligations du propriétaire pendant que l'on jouit de son bien.

Le propriétaire ne doit pas troubler l'usufruitier dans sa jouissance, il doit s'abstenir de tous actes qui pourraient restreindre ses libertés. Ainsi, il ne peut établir des servitudes sur le fonds qui lui appartient, ni détériorer la chose, ni même en changer l'état.

Il peut percevoir quelques produits de son bien, non périodiques, à l'époque de l'usufruit, et encore doit-il des indemnités à l'usufruitier s'il trouble sa jouissance. Un tel esclavage, pour le maitre, ne pouvait rester éternellement; la loi devait donner un terme à ce renversement de droits; aussi proclame-t-elle que l'usufruit est viager, et, quand il n'est pas entre les mains des particuliers, qu'il ne dure que trente ans.

Cette propriété, sans jouissance, c'est la nue-propriété : le maître est obligé de payer les droits de mutation, de soutenir les actions, quand la propriété de son fonds est contestée ; le droit qu'il conserve parfait, c'est celui de vendre son fonds, parce qu'il ne trouble pas, par cet acte, la possession de l'usufruitier.

Le propriétaire a-t-il des obligations envers l'usufruitier, ou sa position envers lui est-elle entièrement passive ?

D'après quelques expressions de l'art. 605, qui distingue les obligations de l'usufruitier et du propriétaire, on voudrait le forcer à faire les grosses réparations que la loi met seulement à sa charge.

Il en est tenu, mais on ne peut pas le forcer à les faire. L'usufruitier prend les choses dans l'état où elles sont, il ne peut donc pas forcer le propriétaire à les améliorer.

Dans cette question délicate, on a préféré délivrer le propriétaire de cette nécessité de réparations, qui aurait pu obérer sa fortune ; on n'a pas voulu que son bien fût une occasion de dépenses forcées. Mais bien des motifs d'équité plaideraient en faveur de la solution contraire, quand les réparations sont nécessaires à l'existence de la chose, quand le propriétaire est en état de subvenir à ces charges, et que l'usufruitier, misérable, ne peut plus habiter une maison qui tombe en ruines.

CHAPITRE V.

Des diverses manières dont finit l'usufruit.

L'usufruit s'éteint :

1° Par la mort naturelle de l'usufruitier.

L'usufruit est tellement attaché à la personne de l'usufruitier qu'il ne passe point à ses successeurs, et que sa mort le fait éteindre.

Quand l'usufruit est établi sur plusieurs têtes, il ne s'éteint qu'à la mort de la dernière.

2° Par l'expiration du temps pour lequel il a été accordé.

3° Par la consolidation, ou la réunion sur la même tête des deux qualités d'usufruitier et de propriétaire.

Nulli enim res sua servit, jure servitutis : Personne ne peut avoir de servitude sur son propre bien.

4° Par le non usage du droit pendant trente ans.

La prescription même de dix à vingt ans peut faire acquérir l'usufruit.

5° Par la perte totale de la chose sur laquelle l'usufruit est établi.

6° Par la renonciation de l'usufruitier.

D'après le principe de l'art. 1167, C. Nap., appliqué à l'usufruit, les créanciers peuvent attaquer la renonciation faite en fraude de leurs droits.

7° Par l'abus que l'usufruitier fait de sa jouissance,

Soit en commettant des dégradations sur le fonds, soit en le laissant dépérir faute d'entretien.

La loi laisse à la prudence des juges l'appréciation des dégradations et malversations qui peuvent donner lieu à prononcer l'extinction ou la modification de l'usufruit. On peut dire, en général, qu'il faut que la substance de la chose soit altérée.

QUESTIONS.

I. L'usufruitier doit-il rendre la valeur de la chose qui se consomme par l'usage, ou son estimation.

II. L'usufruitier vend sa récolte sur pied, près de sa maturité, et meurt avant qu'elle soit perçue par l'acheteur. *Quid juris?*

III. Le testateur peut-il dispenser l'usufruitier de faire inventaire des meubles?

IV. Le fonds, sujet à l'usufruit, est envahi par un fleuve. A titre d'indemnité, on donne aux propriétaires le lit abandonné. L'usufruit continue-t-il sur ce fonds?

PROCÉDURE CIVILE.

Des Ajournements.

(LIV. II, TIT. 2.)

Formalités et remises des exploits.

(ART. 61 ET SUIV.)

La matière contestée a suivi ce degré débonnaire de juridiction appelé la conciliation, ou bien elle est trop grave ou trop pressante pour permettre ces lenteurs. Les parties viennent devant le Tribunal civil de première instance, et le demandeur appelle son adversaire.

L'ajournement (*à-journée*) est l'acte par lequel un huissier dénonce une demande au défendeur, avec sommation de comparaître, dans un certain délai, devant un Tribunal civil de première instance.

Puisque notre sujet ne demande pas de traiter cette sérieuse question de la compétence, cette distinction théorique et pratique des actions réelles, personnelles, mixtes, arrivons de suite aux formalités exigées pour l'ajournement.

§ 1er. — *Formalités des ajournements.*

Que doit contenir la formule de l'ajournement?

L'art. 61 (Code de Proc.) nous répond :

1° La date des jours, mois et an.

Nous nous expliquerons aisément l'importance de cette prescription de la loi : interruption de la prescription, cours des intérêts, tels sont les effets de l'ajournement. Qui nous certifiera encore que l'exploit n'a pas été remis un jour de fête légale, si les délais sont observés, quand il n'y a pas de date? Il n'est pas nécessaire, pour la validité de cet acte de procédure, que le jour, le mois, l'année, soient formellement exprimés. Le temps des termes sacramentels est passé avec les Romains; nous jugeons et comparons d'après les diverses parties de l'écrit, et cela peut quelquefois suffire.

2ª Les nom, profession et domicile du demandeur.

Il faut que le défendeur connaisse celui qui l'attaque, pour soutenir ses droits contre lui, pour savoir s'il a raison de les défendre. Ces énonciations peuvent être incomplètes. Demandons-nous alors, seulement, si elles suffisent pour faire reconnaître la personne; ce sera le principe de notre décision pour les déclarer valables.

Le demandeur plaide par procureur fondé; son nom doit être placé dans l'exploit, peu importe la place.

Quel est le sens de cette formule : *Nul en France ne plaide par procureur, hormis l'Empereur?* Elle veut dire que le chef de l'Etat seul a le droit de poursuivre et de défendre, par le ministère de fonctionnaires à ce préposés, sans voir son nom inscrit dans l'exploit, comme celui du mandant à côté de son mandataire. Exemple : le ministre d'Etat pour les biens privés de la couronne.

3° La constitution de l'avoué qui occupera pour lui, et chez lequel l'élection de domicile sera de droit, à moins d'élection contraire.

Nous ne chercherons pas justifier cette formalité de la loi, l'institution des avoués que la loi prépose à la défense des parties; ce sont des questions de théorie.

Cette formalité exigée par la loi, à peine de nullité, peut être énoncée en termes équipollents. — Un exploit avec constitution d'avoué décédé dans l'intervalle de l'envoi est-il valable? Un arrêt de Cassation (16 mai 1836) l'a ainsi décidé : — L'élection de domicile chez un avoué ne supplée pas la constitution : sur ce point, des arrêts nombreux et une doctrine à peu près générale.

4° Le nom, demeure et immatricule de l'huissier.

Pour procéder en ces matières, il faut avoir, en effet, qualité reconnue par la loi.

5° Les nom et demeure du défendeur.

Si on attaque, il faut se défendre. Le demandeur doit appeler son adversaire et le sommer de venir se justifier.

6° Mention de la personne à laquelle copie de l'exploit sera laissée; — formalité pleine de raison, qui évite bien des abus et que nous expliquerons plus bas.

7° L'objet de la demande, l'exposé sommaire des moyens.

Il faut avertir le défendeur du but de sa demande, justifier par quelques motifs ses droits; — n'était-il pas du devoir de la loi de l'exiger à peine de nullité ?

En matière réelle ou mixte, les exploits énonceront la nature de l'héritage, la commune et, autant que possible, la partie de commune où il est situé, et deux au moins des tenants et aboutissants; s'il s'agit d'un domaine, corps de ferme ou métairie, il suffira d'en désigner le nom et la situation (64).

S'il s'agit d'une maison dans une ville, il suffira d'en désigner la rue et le numéro.

Cet article exige que l'objet de la demande soit bien fixé, et ces indications serviront à s'assurer de la compétence qui va être saisie de l'affaire.

8° L'indication du tribunal qui doit connaître de la demande.

9° Et le délai pour comparaître.

Le délai de l'ajournement est d'une huitaine franche, sans compter le premier ni le dernier (72). Délais qui pourront être diminués, dans les cas qui requerront célérité, par ordonnance du président rendue sur requête des parties.

Certaines locutions vicieuses ont été employées, les unes consacrées par la jurisprudence : — *à comparaître dans le délai de la loi* — *à la première audience après les vacations;* les autres rejetées; ainsi : *pour comparaître après le délai expiré, pour comparaître à huitaine,* si les distances demandent prolongation de délais.

Il est toujours plus sûr de ne pas chercher des équivalents et de s'énoncer avec clarté.

Telle est l'explication de l'art. 64. Ces formalités que nous venons de
nommer sont exigées à peine de nullité. Cette nullité sera-t-elle prononcée
de plein droit? Non; il appartiendra toujours à la partie adverse de plaider
au fond et de ne pas invoquer cette nullité de formes; cet exploit nul aura
donc tous ses effets par la tolérance du défendeur.

Avons-nous vu toutes les formalités intrinsèques de l'ajournement, c'est-
à-dire celles dont l'absence entraîne la nullité?

L'art. 65 nous donne encore quelques principes essentiels à l'ajournement.
Nous savons qu'en certains cas la conciliation est exigée par la loi. Nous
savons que certaines affaires ne peuvent venir devant le tribunal qu'après
que la justice a essayé d'apaiser le différend des parties ; aussi exige-t-elle,
à peine de nullité, copie du procès-verbal de non conciliation, ou copie de
la mention de non comparution, qui seront remises avec l'exploit.

Quelle est l'utilité pratique de l'exigence du second paragraphe de l'article 65? — « Sera aussi donné copie des pièces ou de la partie des pièces sur
lesquelles la demande est fondée. » — Cette disposition est prise, par notre
Code, à l'ordonnance de 1667 ; et quand elle fut proposée, un grand juris-
consulte, le président Lamoignon, opposait que presque toujours ces copies
de titre seraient illusoires : le demandeur pouvait, à son gré, les faire trop
courtes et dissimuler au défendeur le côté faible de ses moyens. Il indique
un autre procédé : la communication entre les parties des originaux de titres.
— Notre Code n'a point écouté, peut-être à tort, ces paroles ; il a cru qu'il
éviterait ainsi des contestations entre les plaideurs raisonnables ; qu'il ren-
drait la réponse du défendeur sérieuse et bien motivée ; qu'enfin, il servi-
rait aux besoins des parties qui consulteront dans le procès leurs pièces respectives, seule raison qui ait de l'importance.

Les autres pièces que le demandeur sera tenu de signifier dans le cours de
l'instance, n'entreront pas en taxe. Laissons au juge taxateur la faculté
d'apprécier la valeur des pièces et titres signifiés, pour donner une importance pratique à l'art. 65 ; laissons-lui la faculté de déroger même à l'article 130, C. Proc.; mais ne poussons pas trop loin les conséquences de notre
principe. Si les besoins de la cause, la marche du procès, l'accroissement
de droit, font naître un nouvel incident, on pourra encore signifier les
titres, fondement de la nouvelle demande.

Nous venons de dire, à peu près, toutes les formalités de l'ajournement; mais la loi, pour satisfaire aux besoins de la procédure, n'exige-t-elle pas un original et des copies proportionnées au nombre des défendeurs?

Si les défendeurs étaient de mauvaise foi, qui prouverait de la teneur de l'exploit, si l'huissier n'en gardait un original? L'huissier, pour mettre ainsi à couvert sa responsabilité, pour assurer la remise de l'exploit, met au bas le nom de la personne à qui est confiée la copie, l'absence de la personne à son domicile, le refus du voisin de signer, sa signature, s'il consent à se charger de l'ajournement.

Pour prouver la validité de l'acte remis, en cas de non comparution, l'huissier présente l'original resté entre ses mains.

En matière d'ajournement, doit-on suivre la règle de l'art. 1334, C. Nap.?

En cas de non conformité, l'original fait-il toujours loi? Non, car la copie remise au défendeur est son original à lui, et cette copie fausse ne peut prendre sa valeur dans l'original.

§ 2. — *Remise des ajournements.*

Aucun exploit ne sera donné un jour de fête légale, si ce n'est en vertu de permission du président du Tribunal (63).

L'arrêté du 29 germinal an X, considère comme fêtes légales : l'Ascension, l'Assomption, la Toussaint, la Noël, et tous les dimanches.

Un avis du conseil d'État, 20 mars 1810, ajouta à ce nombre le premier jour de l'an.

Cette même règle a lieu pour le Code de Commerce, en matière de lettre de change. (134, C. Com.)

Tous ces exploits seront faits à personne ou à domicile (68).

L'ancienne jurisprudence mettait des restrictions à la généralité de ce principe, on ne pouvait remettre l'exploit dans l'auditoire d'un tribunal en séance, ni à la Bourse, ni dans un édifice consacré au culte. Aujourd'hui, ces restrictions ne sont plus admises, et l'art. 781, sur la contrainte par corps, ne peut s'appliquer à la remise des ajournements. Ainsi donc l'ajournement remis à une personne, en quelque lieu que ce soit, sera valable.

L'huissier peut remettre l'ajournement aux *parents ou serviteurs de la* partie, à son domicile (*in domo alicui ex familia*). Si les parents ou serviteurs n'habitent pas la même maison, la remise à eux faite n'est pas valable, parce que la condition de domicile est essentielle : en l'oubliant, on n'atteindrait plus le but de la loi, qui veut donner plus de certitude à la remise.

Nous devons comprendre sous le nom de serviteurs tous ceux qui reçoivent des gages, habitant la même maison.

S'il n'y a ni partie, ni parents, ni serviteurs au domicile, l'huissier doit remettre la copie à un voisin, dont il exige la signature, sur l'original, pour engager sa responsabilité. Si ce voisin ne peut ou ne veut signer, l'huissier remettra la copie au maire ou adjoint de la commune, lequel visera l'original sans frais (68).

Quelques règles particulières pour l'assignation.

Les premiers numéros de l'art. 69 nous amènent à des considérations administratives. Il faut assigner le Préfet quand il s'agit de la revendication et de la propriété des domaines de l'Etat; le directeur des domaines et de l'enregistrement, quand il est question des revenus; le trésor public en la personne de son agent; les administrations et établissements publics (hôpitaux, par exemple,) en leurs bureaux, dans le lieu où réside le siége de l'administration; dans les autres lieux, en la personne et au bureau de leur préposé; l'Empereur, pour ses domaines, en la personne du ministre d'Etat; les communes, en la personne ou au domicile du Maire. Dans le cas de lutte entre la commune et une section ou entre deux sections, il est formé par la loi des commissions syndicales, que le Préfet choisit parmi les électeurs principaux et les plus imposés.

Dans la commune, c'est le Maire qui représente ses intérêts, qui les défend, qui parle pour elles, exprime ses volontés, agit en son nom; à Paris, c'est le Préfet, qui a une sorte de juridiction sur les douze municipalités.

Dans tous les cas que nous venons de parcourir, la loi exige que l'original soit visé de celui à qui copie de l'exploit sera laissée. En cas d'absence ou de refus, le visa sera donné, soit par le juge de paix, soit par le procureur impérial près le Tribunal de première instance, auquel, en ce cas, la copie sera laissée.

2° Où faudra-t-il assigner une société? Tant qu'elles existent, en leur maison sociale; et s'il n'y en a pas, en la personne ou au domicile de l'un des associés.

Cette dernière partie de la règle s'applique, sans difficulté, aux Sociétés en nom collectif; mais pour les Sociétés en commandite, gardons-nous de citer un associé commanditaire qui n'est responsable que jusqu'à concurrence des fonds qu'il met dans la Société; et dans une Société anonyme, de citer les membres. Les capitaux seuls garantissent les actes de cette Société, et les tiers ne doivent connaître que les bureaux où ils porteront leurs exploits.

Faut-il accorder ces principes aux Sociétés seules de commerce? L'art. 59 ne distingue pas comme l'art. 69. Je crois que si les Sociétés civiles ont élu domicile, nous devons adopter la même règle que pour les Sociétés de commerce.

3° Ceux qui n'ont aucun domicile connu en France, l'huissier devra les citer au lieu de leur résidence actuelle. Si le lieu n'est pas connu, l'exploit sera affiché à la principale porte de l'auditoire du Tribunal où la demande est portée; une seconde copie sera donnée au procureur impérial, lequel visera l'original.

4° Pour ceux qui habitent le territoire Français, hors du continent, et ceux qui sont établis à l'étranger, l'ajournement se porte au domicile du procureur impérial près le Tribunal où sera portée la demande, lequel visera l'original, et enverra la copie, pour les premiers, au ministre de la marine; et pour les seconds, à celui des affaires étrangères.

Que de tâtonnements dans la législation antérieure, avant d'arriver à cette règle si simple. D'abord, l'huissier allait solennellement lire l'ajournement sur la frontière la plus voisine de l'appelé. — Ensuite, l'ajournement fut remis entre les mains du procureur général, qui l'enfermait dans un coffre à ce destiné. Quel dommage qu'à cette époque les oracles ne parlassent plus pour annoncer aux étrangers qu'ils étaient cités en France.

Ces deux art. 68 et 69 doivent être observés à peine de nullité.

§ 3. — *Délai de remise des ajournements.*

Le délai ordinaire des ajournements pour ceux qui sont domiciliés en France sera de huitaine.

Le jour de la signification ni celui de l'échéance ne sont jamais comptés.

Mais le délai sera augmenté d'un jour à raison de trois myriamètres de distance entre le domicile du défendeur et le tribunal où il doit comparaître.

Lorsque l'ajournement est remis à personne, hors de son domicile, il faut calculer d'après les mèmes délais ; car le défendeur doit être présumé avoir ses papiers d'affaires à sa résidence. — S'il y a domicile élu, il faut considérer la distance de son domicile réel au tribunal.

Si celui qui est assigné demeure hors de la France continentale, le délai sera : 1° pour ceux demeurant en Corse, dans l'île d'Elbe ou de Capraja, en Angleterre et dans les Etats limitrophes de la France, de deux mois ; 2° pour ceux demeurant dans les autres Etats de l'Europe, quatre mois ; 3° pour ceux demeurant hors de l'Europe, en deçà du cap de Bonne-Espérance, de six mois ; et pour ceux demeurant au-delà, d'un an (73).

Lorsqu'une assignation à une partie domiciliée hors de la France sera donnée à la personne en France, elle n'emportera pas les délais ordinaires, sauf au tribunal à les prolonger s'il y a lieu (74).

C'est un principe d'équité qui a fait admettre cette dérogation aux règles communes ; il ne faut que lire avec attention la loi , pour en saisir l'esprit et le but.

§ 4. — *Du rôle de l'huissier.*

L'huissier doit remettre l'ajournement en personne et non par un tiers, qui n'offre plus les mèmes garanties aux yeux de la loi. L'art. 45 du décret du 14 juin 1813 (discipline des huissiers), l'ordonne formellement et attache des peines très fortes à sa non exécution, soit pécuniaires, soit même corporelles.

L'huissier est un fonctionnaire public que la loi protége comme tel dans l'exercice de ses fonctions ; il certifie, jusqu'à preuve de faux, la remise de l'exploit ; aussi la loi retire-t-elle , avec raison, le pouvoir d'instrumenter pour ses parents (66); il n'offrirait plus aucune garantie, soumis aux influences domestiques.

L'huissier n'a que le droit d'instrumenter dans son arrondissement;— même dans ce cas, la loi a posé un principe plein de sagesse, l'art. 62, pour éviter les frais inutiles qu'une partie peut faire supporter à son adversaire.

Les huissiers seront tenus de mettre, à la fin de l'original et de la copie d'exploit, le coût d'icelui, à peine de 5 fr. d'amende payables à l'instant de l'enregistrement (67).

C'est un moyen facile de calculer les frais qui seront mis à la charge de celui qui succombe, c'est un moyen de censure pour les huissiers.

Si un exploit est déclaré nul par le fait de l'huissier, il pourra être condamné aux frais de l'exploit et de la procédure annulée, sans préjudice des dommages et intérêts de la partie, suivant les circonstances (71).

On pourrait croire, d'après les expressions de cet article, qu'il n'est point impératif; mais comparons-le à l'art. 1031 (C. Pr.) et nous verrons que c'est une loi absolue.

Quelle est l'étendue de la responsabilité de l'huissier?

Les délais de l'appel se passent par la faute de l'huissier; la prescription s'accomplit parce que l'huissier n'a pas accompli son mandat. —L'art. 1992 (Code Napoléon), dit que la responsabilité du mandataire salarié est plus grande, qu'il répond même de sa faute légère; appliquons ce principe à notre matière.

Tout dommage oblige celui qui l'a porté à le réparer (1382, Cod. Nap.); ainsi, l'huissier sera forcé de rembourser toutes les pertes qu'il a causées par sa faute.

Mais remarquons bien que le point de fait, sur le préjudice causé, doit être laissé à l'entière appréciation des tribunaux; il aurait été trop avantageux pour une partie, ayant une mauvaise affaire, de demander à l'huissier, en cas de faute de sa part, des dommages comme s'il eût perdu des droits considérables.

QUESTIONS.

En matière de partage, l'art. 64, sur les énonciations de l'objet, est-il exigé à peine de nullité ?

Est-ce à peine de nullité que l'art. 63, sur les jours fériés, doit être suivi?

Lorsque les pièces justificatives à signifier sont écrites en langue étrangère, *quid juris?*

Le défendeur peut-il faire réformer l'ordonnance du président à bref délai?

———

DROIT CRIMINEL.

De la prescription extinctive de l'action publique et de l'action civile.

(C. D'INST. CRIM., ART. 637, 638, 640, 643.)

CONSIDÉRATIONS GÉNÉRALES.

La prescription (*præ scribere,* exception mise par le Préteur en tête de sa sa formule), signifie, en Droit criminel :

L'extinction, par un certain laps de temps de l'action criminelle et civile pour crimes, délits et contraventions.

Je ne m'arrêterai pas à une division naturelle de la prescription ; je ne discuterai point les diverses règles de la prescription des peines et celles des actions. Mon sujet ne le demande pas. Je dirai seulement, en passant, qu'il ne faut point s'étonner de leur durée si diverse. Dans l'une, le crime a été prouvé ; la justice, la société demandent une réparation qui doit menacer longtemps le coupable. Dans l'autre, les preuves de son action s'affaiblissent, la mémoire des témoins perd bien des détails. Voulez-vous après dix ans réveiller des souvenirs presque éteints ? Voulez-vous peut-être condamner un innocent ?

Point de traité avec les criminels, disait Jérémie Bentham, pour condamner le principe de la prescription ; point de lâche complaisance pour les coupables ; mais la difficulté de se procurer les pièces justificatives, ces angoisses qui, expiation envoyée par Dieu, ont tourmenté la vie du coupable, les inquiétudes qui ont agité ses nuits, tout cela doit compter dans la balance et faire pencher en faveur de la prescription. Enfin, dit Faustin Hélie, dans sa *Théorie de l'instruction criminelle*, la justice elle-même n'éprouve plus, après de longues années, le même besoin d'une réparation publique. Il semble que l'horreur du crime s'est affaiblie en même temps que le trouble social s'est éloigné; il semble que le temps amène à la fois, avec lui, l'oubli et la miséricorde, et la peine trop longtemps attendue prend quelque chose de cruel et même d'injuste.

Des réflexions qui précèdent il résulte que la prescription est une exception d'ordre public qui intéresse la société entière. Le coupable poursuivi pourrait ne pas l'invoquer; le juge doit la suppléer d'office. Il faut conserver le prestige de la justice humaine; il faut la sauvegarder des erreurs. Aussi, un arrêt de la Cour de Cassation (20 mai 1824), dit-il que la prescription est un obstacle invincible à l'application des peines. En tout état de cause, après la délibération du jury qui l'a reconnu coupable, devant la Cour de Cassation où il a appelé de son jugement, la prescription fera toujours donner sa liberté au criminel : l'action publique a perdu de sa force ; elle est impuissante à punir.

Histoire de la prescription.

Ce principe si absolu de la prescription était-il admis aussi franchement dans d'autres législations?

Chez les Romains on trouvait des actions perpétuelles (action *furti manifesti*); des actions annuelles comme l'autorité d'où elles dérivaient; mais point de principe général sur la prescription. — Justinien, ce grand rénovateur des lois, effaça ces distinctions arbitraires et défendit d'intenter aucune action pénale après un délai déterminé, en général, celui de vingt années.

Dans nos Coutumes, dans nos lois antérieures à 1791, certains délits étaient imprescriptibles : le duel quand il y avait eu plainte; le crime de lèse-majesté. Ne nous étonnons point de voir généralement admis le délai fixé par Justinien, délai de vingt années. Ne savons-nous pas que nos Coutumes étaient filles du Droit romain?

Le Code de 1791 prononça une règle absolue, ordonna la prescription de trois et six années pour les crimes, d'après les distinctions faites par notre loi.

Le Code du 3 brumaire an IV faisait commencer la prescription au jour où le délit était légalement constaté.

Nous venons de voir le rôle de la prescription à certaines époques, ses diverses durées. Quel est son rôle dans notre législation criminelle? Quelle est sa durée?

Ses règles. — Sa durée.

Art. 637. « L'action publique et l'action civile résultant d'un crime de nature à entraîner la peine de mort ou des peines afflictives perpétuelles, ou de tout autre crime emportant peine afflictive et infamante, se prescrivent après dix années révolues, à compter du jour où le crime a été commis, si dans cet intervalle il n'est pas fait aucun acte d'instruction ni de poursuite. S'il a été fait dans cet intervalle des actes d'instruction ou de poursuite non suivis de jugement, l'action publique et l'action civile ne se prescriront qu'après dix années révolues, à compter du dernier acte, à l'égard même des personnes qui ne seraient pas impliquées dans cet acte d'instruction ou de poursuite. »

Art. 638. « Dans les deux cas exprimés en l'article précédent et suivant les distinctions d'époque qui y sont établies, la durée de la prescription sera réduite à trois années révolues, s'il s'agit d'un délit de nature à être puni correctionnellement. »

Tout fait auquel la loi attache une peine, donne lieu à deux actions : l'une en faveur de la société dont il trouble l'ordre; l'autre en faveur de la personne dont il lèse les intérêts.

A ces deux actions naissant d'un même fait, la loi attache la même prescription. Nul ne prétendra, en effet, que les droits de la société soient moins sacrés que ceux de l'individu; et si la société se déclare satisfaite après dix ans ou trois ans, le particulier peut-il élever la voix et se plaindre encore de son dommage?

Nature du fait.

La loi nous dit que la prescription des crimes sera de dix années : c'est une règle bien claire en principe. Mais certaines difficultés naissent du signe distinctif des crimes; on ne saura pas, en certains cas, quelle prescription il faudra appliquer : celle des crimes ou celle des délits.

L'art. 1 du Code Pénal appelle crime l'*infraction que ses lois punissent d'une peine afflictive et infamante.*

Est-ce donc d'après la peine que l'on reconnaîtra la nature du fait ?

Faustin Hélie, raisonnant d'après la lettre de la loi, qualifie le fait d'après la peine dont il est passible. — Dalloz détermine son caractère d'après la qualification du jugement; c'est je crois, une règle plus sûre. On voit tous les jours des crimes, atténués par des circonstances favorables à l'accusé, punis d'une peine légère; et cependant ce fait est plus grave qu'un délit.

Il ne faudra donc pas nous arrêter au nom que l'accusation donne au fait, à celui qui pourrait résulter de la peine : Le fait est reconnu constant; la loi attribue, à tel ou tel fait, le caractère de crime ou de délit; appliquons les délais de la prescription d'après ces règles.

Supputation du délai.

La loi de brumaire an IV faisait partir la prescription du jour où le fait était légalement constaté.—Notre loi, plus humaine, ne demande ni procès-verbaux, ni commencement de poursuites; la prescription court depuis le moment où le crime ou délit a été commis.

De die ad diem, telle est la règle. L'art. 2260 (Code Napoléon), compte la prescription par jours et non par heures; nous ne devons donc pas considérer le premier jour, quoiqu'en dise Faustin Hélie.

La prescription commencera à courir, si le fait est simple et instantané, du moment où il a été commis; s'il est continu et permanent, du moment où il a cessé; si les faits sont successifs et complexes, du moment où la dernière infraction aux lois a été commise; si des règlements municipaux défendent de bâtir ou de réparer, la prescription court du jour où l'on a achevé de bâtir ou de réparer.

Prescriptions particulières.

L'art. 642 (Inst. Cr.) dit : que par les règles générales dont nous venons de parler, il ne déroge point aux lois particulières, relatives à la prescription des actions résultant de certains délits ou de certaines contraventions.

En matière rurale, les délits se prescrivent par un mois ;

En matière de pêche, si le prévenu est désigné dans le procès-verbal, l'action se prescrit par un mois à partir de la constatation du délit, et par trois mois, à compter du même jour, dans le cas contraire ;

En matière de chasse (loi du 3 mai 1844), toute action sera prescrite par le laps de trois mois ;

En matière forestière, la prescription compte depuis le jour où le délit est constaté, et peut être alléguée par le prévenu, trois mois après le procès-verbal, s'il y est désigné ; six mois après, dans le cas contraire ;

Pour les crimes qui sont de la compétence des tribunaux maritimes, il y a la prescription de trois années.

Nous voyons, dans quelques-unes de ces prescriptions spéciales, l'ancienne règle de la loi de brumaire : la prescription court depuis le jour de la constitution du délit ; ne vaudrait-il pas mieux établir la règle générale pour ces matières ? L'application de ces délais peut donner lieu à quelques actes arbitraires.

Telles sont les principales matières où la règle générale cède à d'autres considérations. Poursuivons l'ordre de notre sujet, et demandons-nous en quel cas on peut interrompre cette prescription qui court.

De l'interruption de la prescription.

La société a oublié le danger et le scandale du crime, elle ne veut pas rechercher dans le passé des traces à moitié éteintes, et laisse à Dieu le soin de la venger.

Mais l'intérêt froissé peut élever des plaintes, le juge voit un jour le fait qui était passé inaperçu devant ses yeux, quelques preuves se découvrent ; un des motifs allégués en faveur de la prescription disparaît ; l'interruption a empêché le dépérissement des preuves ou fait supposer leur existence ; pourquoi ne serait-il plus permis à l'action publique et civile de poursuivre leurs droits, de tendre à leur but ?

Le deuxième paragraphe de l'art. 637 donne la règle de l'interruption *s'il a été fait quelque acte d'instruction ou de poursuite.*

Les actes d'instruction, sont ceux qui ont pour objet de recueillir les preuves de l'existence du crime et de la culpabilité de son auteur. Les actes de poursuites, sont ceux qui ont pour objet, soit de traduire le prévenu en jugement, soit de s'assurer de sa personne. (F. Hélie.)

Délimiter ces actes, c'est donner les règles de l'interruption.

En général, tout acte qui a pour effet de mettre l'action publique en mouvement, interrompt la prescription, alors même que l'auteur du crime ne serait pas connu. Les actes d'instruction à l'égard d'un fait punissable interrompent la prescription contre tous les auteurs et complices : en cas de demande formée en justice, si le renvoi du défendeur a été prononcé par jugement, il n'y aura pas interruption. Sont au nombre des actes interruptifs de prescription : l'audition des témoins, le mandat de comparution, l'interrogation des prévenus.

Ces actes interrompent le cours et de l'action civile et de l'action publique : si le ministère public a seul poursuivi, l'action civile peut encore s'intenter dans les trois ou dix ans à compter des derniers actes. Lorsque la partie offensée se porte partie civile devant un tribunal civil, cet exercice isolé des droits particuliers ne peut, cependant, produire aucun effet sur l'action criminelle, si par une dénonciation on n'a saisi le tribunal criminel. Ainsi, en certains cas, les deux actions séparées courent, leur point de départ diffère, mais leur nature ne change pas, et elles ont la durée que leur assigne la loi. En matière correctionnelle, l'action civile réveille en quelque sorte l'action publique et empêche la prescription de courir : inégalité de deux situations qu'il ne faut expliquer que par des réflexions morales.

Une simple plainte, une dénonciation, n'ont pas d'effet sur la prescription. — La citation, nulle dans ses formes, n'a point d'autorité devant la loi. Que dire d'une action intentée devant un tribunal incompétent ? Est-ce un acte dont nous ne devons pas tenir compte? Les jurisconsultes ont décidé que l'acte de poursuite était valable quoique porté devant un tribunal incompétent.

Dans les matières spéciales où la prescription des actions n'a plus les mêmes délais, l'interruption peut-elle en changer la nature? Non; la volonté particulière ne peut détruire une volonté de la loi.

Observons, en passant, qu'en matière de police ces actes de poursuite et d'instruction, auxquels la loi attache le pouvoir d'interrompre la prescription, n'ont plus cette valeur s'ils n'ont été suivis de jugement; nous ne pouvons nous plaindre de cette sagesse de la loi, ce serait une faute si des actes de procédure pouvaient faire revivre les contraventions déjà oubliées. Quand il y a appel, tous les faits sont remis en question, une nouvelle prescription court depuis la signification d'appel; c'est la même règle.

Le pourvoi en cassation interrompt la prescription; la partie est acquittée devant le tribunal compétent; le ministère public fait son pourvoi: le jugement est cassé. Ne devons-nous pas alors faire courir la prescription des actions du jour de la contravention?

Voilà comment s'interrompt la prescription des actions civiles et publiques. Peut-elle aussi, quelquefois, être suspendue?

De la suspension.

La prescription est suspendue lorsque, la cause de la suspension cessant, le temps où elle a déjà couru peut être compté.

En matière criminelle ou correctionnelle, la prescription s'interrompt et ne se suspend pas: un conflit d'attributions, une demande en autorisation de poursuivre certains fonctionnaires sont interruptives de la prescription.

Pour les contraventions de police, ces mêmes causes suspendent l'action civile et publique.

La doctrine devait établir cette règle pour être conséquente avec la loi. Les actes d'instruction et de poursuite suivis de jugement peuvent seuls interrompre la prescription; il aurait été trop facile d'échapper à la justice si elle n'avait pu être suspendue.

Question générale.

Nous avons exposé tous les principes de notre sujet, et cependant nous ne posséderions pas une idée bien complète de la prescription si nous ne cherchions à résoudre une question importante.

La prescription criminelle doit-elle entraîner la prescription civile?

Oui, dit Faustin Hélie; l'action civile à côté de l'action publique n'est que secondaire, ce n'est qu'un accessoire en quelque sorte (*accessorium sequitur principale*).

D'ailleurs, si cette règle n'était pas admise, comment expliquerions-nous cette concordance continuelle de l'action civile et publique dans les art. 637-638? Pourquoi, si l'action civile n'avait dû se trouver là que d'une manière accidentelle, la loi aurait-elle posé des principes où elle ne distingue pas entre les deux actions?

Disons donc, avec Dalloz, que la prescription du délit emporte déchéance de l'action civile.

Mais prenons garde de pousser trop loin nos conséquences : l'action civile est éteinte, il est vrai, mais l'action en revendication reste. L'une poursuit les dommages, elle est pénale et doit suivre les règles de l'instruction criminelle; l'autre doit rentrer dans les règles de la prescription ordinaire, où il est dit que les actions réelles ne se prescrivent que par trente ans.

Ainsi, un fonctionnaire a exigé au-delà de ce qui était dû à l'Etat ; on intente une action civile en répétition dans le seul but d'obtenir cette somme que ce fonctionnaire ne devait pas percevoir et qu'il s'est appropriée. Une telle action a pu valablement être déclarée non atteinte par la prescription de dix ans. (Cour de Montpellier, 6 juillet 1829.)

QUESTIONS.

I. Un magistrat incompétent peut-il interrompre la prescription cri-minelle? — Oui (Molinier). — Non (Dalloz, Faustin Hélie).

II. Une action dont la partie néglige le criminel pour poursuivre le civil, doit-elle suivre les règles de la prescription ordinaire ? — Non (F. Hélie).

III. La prescription criminelle peut-elle être interrompue plusieurs fois ?

Vu par le Président de la Thèse,

DEMANTE.

Cette Thèse sera soutenue, en séance publique, le 9 août 1858, dans une des salles de la Faculté.

Typogr. BAYRET, PRADEL et Cᵉ, Place de la Trinité, 12.